BEI GRIN MACHT SICH IHR WISSEN BEZAHLT

Künstliche Intelligenz im Personalbeschaffungsprozess

Jawad Hosseini
Laween Abdy

Bibliografische Information der Deutschen Nationalbibliothek:

Die Deutsche Nationalbibliothek verzeichnet diese Publikation in der Deutschen Nationalbibliografie; detaillierte bibliografische Daten sind im Internet über http://dnb.d-nb.de abrufbar.

ISBN: 9783346926593
Dieses Buch ist auch als E-Book erhältlich.

Druck und Bindung: Books on Demand GmbH, Norderstedt Germany
Gedruckt auf säurefreiem Papier aus verantwortungsvollen Quellen

Das vorliegende Werk wurde sorgfältig erarbeitet. Dennoch übernehmen Autoren und Verlag für die Richtigkeit von Angaben, Hinweisen, Links und Ratschlägen sowie eventuelle Druckfehler keine Haftung.

Das Buch bei GRIN: https://www.grin.com/document/1373711

Künstliche Intelligenz im Personalbeschaffungsprozess

Wie wirkt sich der Einsatz von Künstlicher Intelligenz, auf die Personalbeschaffung aus? Im Hinblick auf die Herausforderung und Potentiale der Digitalisierung

Jawad, Hosseini
Laween, Abdy

Marketing / Technische Betriebswirtschaftslehre Semester (SoSe)

Inhaltsverzeichnis

1. Einleitung

1.1. Einleitung und Problemstellung

Die heutige Welt ist geprägt von Digitalisierung und künstlicher Intelligenz (KI). Nicht zuletzt durch Chatgbt und Teslas Robot[1]. Auch die Personalbeschaffung ist von diesem Wandel betroffen, da Unternehmen vermehrt auf den Einsatz von künstlicher Intelligenz setzen, um den Bewerbungsprozess zu optimieren und effizienter zu gestalten. Dabei ergeben sich sowohl Herausforderungen als auch Potenziale im Umgang mit dieser neuen Technologie. In diesem Kontext ist es wichtig, die Auswirkungen von der KI auf die Personalbeschaffung zu betrachten und die Chancen und Risiken zu analysieren. Die Verwendung von der KI in der Personalbeschaffung bietet viele Chancen, wie z.B eine schnellere und effizientere Personalbeschaffung und bessere Objektivität. Allerdings gibt es auch Risiken, wie bspw. Verzerrung im Bewerbungsprozess, Diskriminierung und Benachteiligungen.

Die fortschreitende Digitalisierung und der Einsatz von KI veränderten nicht nur die Art und Weise, wie wir arbeiten, sondern auch wie wir Talente gewinnen. Der Einsatz von Robot Recruiting, also die vollständig automatische und computergesteuerte Personalsuche und Einstellung, ist technisch betrachtet bereits möglich. Algorithmen können passende Kandidaten identifizieren und Chatbots nehmen selbstständig Kontakt auf und kommunizieren mit potenziellen Bewerbern. Softwarelösungen optimieren und beschleunigen den Bewerbermanagementprozess vom Sourcing bis hin zur Einstellung.

1.2. Methodik und Aufbau

Die vorliegende Arbeit basiert auf einer umfassenden Literaturrecherche. Dabei wurden verschiedene Quellen, wie z.B wissenschaftliche Publikationen, Fachartikel und Studien herangezogen, um ein möglichst breites Bild der Thematik zu zeichnen. So werden die theoretischen Grundlagen, die Entwicklungen der Personalbeschaffung, die Chancen und Risiken des Künstlichen Intelligenz im Personalbeschaffungsprozess sowie die Rolle des Personalbeschaffers behandelt. Abschließend wird ein Fazit gezogen.

---

[1] https://electrek.co/2022/09/23/tesla-thousands-humanoid-robots-factories/

2. Theoretischer Rahmen

Im Zweiten Kapitel der Hausarbeit wird eine Grundlage für die Spätere Untersuchung geschaffen. Der Schwerpunkt liegt in den folgenden begriffen welche näher erläutert werden, Digitalisierung im Kontext des Personalwesen, künstliche Intelligenz (KI) und Personalbeschaffung.

2.1 Digitalisierung im Personalwesen

Digitalisierung bezieht sich auf die Umwandlung analoger Informationen in digitale Formate. Dabei werden physische Objekte oder Prozesse in elektronische Daten umgewandelt, um sie effizient zu speichern, verarbeiten und nutzen zu können. Der Wandel vom 20. Jahrhundert bis zum 21. Jahrhundert zeichnet sich durch eine Schwerpunkt Verschiebung aus. Im 20. Jahrhundert lag der Schwerpunkt der Informationstechnologie auf der Automatisierung und Optimierung, wodurch Privathaushalte und Arbeitsplätze modernisiert wurden. Seit Anfang des 21. Jahrhunderts stehen jedoch disruptive Technologien, innovative Geschäftsmodelle sowie Autonomisierung, im Fokus der Digitalisierung[2] .So müssen sich Unternehmen anpassen, um von der Digitalisierung zu profitieren

Die Wichtigkeit der Digitalisierung wird durch diverse Studien bekräftigt. So Gaben in einer Studie von McKinsey rund nur 8% der befragten Unternehmen an, das ihr Geschäftsmodell trotz der Digitalisierung rentabel bleibt. Rund 92% der Unternehmen sind der Meinung, dass Ihr Geschäftsmodell unrentabel wird, wenn diese in Sachen Digitalisierung nicht weiter voranschreiten. [3]

---

[2] Vgl. Bendel 2019.
[3] Vgl. Bughin et al. 2018. S. 6

Die Umfrage von Bitkom aus dem Jahr 2021 zeigt, dass die Digitalisierung für Unternehmen von großer Bedeutung ist. 78 Prozent der befragten Unternehmen passen ihre bestehenden Produkte und Dienstleistungen an, um den Anforderungen der Digitalisierung gerecht zu werden. Zusätzlich bieten 56 Prozent der Unternehmen im Zuge des Digitalisierungswandels neue Produkte und Dienstleistungen an, während 59 Prozent bestimmte Produkte vom Markt nehmen. [4]

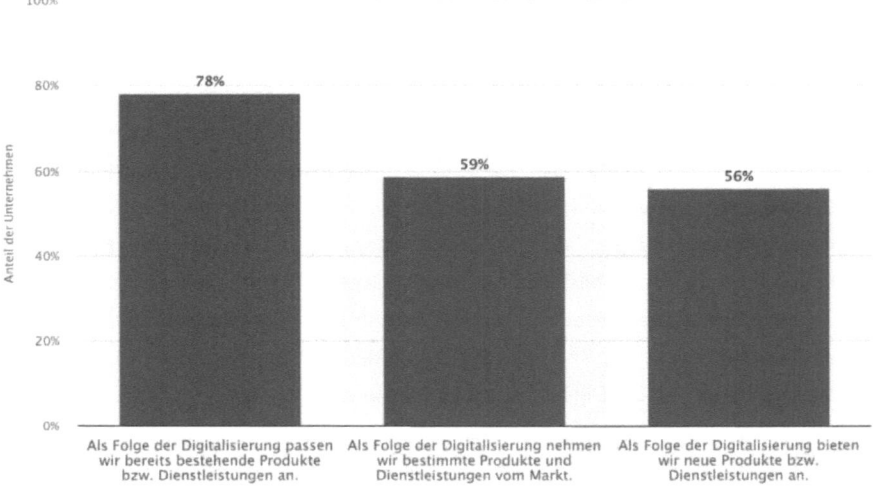

Abb. 1

In der Personalbeschaffung spielt die Digitalisierung eine entscheidende Rolle. So wurde dies ebenfalls in der Studie der Universität Bamberg hervorgehoben.

Laut der Umfrage unter Top-1.000-Unternehmen und IT-Unternehmen betrachten acht von zehn Unternehmen die digitale Transformation des Personalwesens als eine überlebenswichtige Herausforderung. Zusätzlich begrüßen neun von zehn Unternehmen die zunehmende Digitalisierung von Aufgaben in der Personalbeschaffung, da dies zu einer Steigerung der Effektivität und Effizienz führt.

Die Digitalisierung wird als Mittel zur Verbesserung der Personalprozesse durch den Einsatz von Technologien verstanden. Bereits seit 2003 werden in der Studienreihe zu

---

[4] Statista 2022

Recruiting-Trends die Auswirkungen des IT-Einsatzes auf die Effektivität im Personalwesen untersucht. Es ist jedoch bemerkenswert, dass Unternehmen trotz der investierten Kosten, Anstrengungen und Ressourcen eine pessimistische Einschätzung zur aktuellen Effektivität ihres IT-Einsatzes im Personalwesen abgeben.[5] Die Digitalisierung schreitet in allen Bereichen der Unternehmen fort. So auch im Bereich des Personalwesen.

Im Bereich des Personalwesens finden im Zuge der Digitalisierung und dem Einsatz von Künstlicher Intelligenz (KI) verschiedene Anwendungen im Personalrekrutierungsprozess statt. Ein Beispiel hierfür ist die Ausschreibung von Stellen. Durch den Einsatz von KI ist es möglich, vorhandene Daten zu analysieren, um die richtige Anzeigenklassifizierung, erfolgversprechende Keywords und geeignete Plattformen zur Veröffentlichung von Stellenanzeigen zu ermitteln. Dies trägt dazu bei, die Effektivität der Stellenausschreibung zu verbessern.[6]

2.2 Einordnung des Begriffs „Künstliche Intelligenz"

Künstliche Intelligenz hat ihren Ursprung im Jahr 1936. Der britische Mathematiker Alan Turing hat durch Forschungen im Jahr 1936 bewiesen, dass Maschinen in der Lage sind, menschliche kognitive Prozesse zu automatisieren und nachzubilden. Seine Forschung war maßgeblich für die Entwicklung von Algorithmen und Maschinellem Lernen, die bis heute wichtige Grundlagen für KI-Systeme darstellen.[7]

Die Bezeichnung "Künstliche Intelligenz", im Englischen "Artificial Intelligence", entstand im Jahr 1956 auf einer Konferenz am Dartmouth College in New Hampshire. Dort versammelte sich eine kleine Gruppe von Wissenschaftlern, um sich intensiv mit

---

[5] Weitzel et al. 2020.
[6] Adelmann / Wiedmer, S. 3.

[7] Vgl. Turing 1936.

dem Thema zu beschäftigen und gemeinsam eine Definition für Künstliche Intelligenz zu erarbeiten. Das Ergebnis war wegweisend für das künftige Verständnis und die Entwicklung von KI-Systemen.[8]

Das Hauptanliegen bestand darin, zu erforschen, wie sich denkfähige Systeme entwickeln können, ihre Umgebung wahrzunehmen und flexibel auf unterschiedliche Gegebenheiten zu reagieren.

Die heutige Definition von künstlicher Intelligenz bezieht sich auf fortschrittliche Softwarelösungen, die in der Lage sind, komplexe Probleme zu lösen und dabei eine ähnliche Intelligenz wie der Mensch aufweisen.[9] Künstliche Intelligenz zeichnet sich durch die Verknüpfung von Merkmalen, wie Verständnis, Lernen, Interaktion und Schlussfolgerung aus.[10]

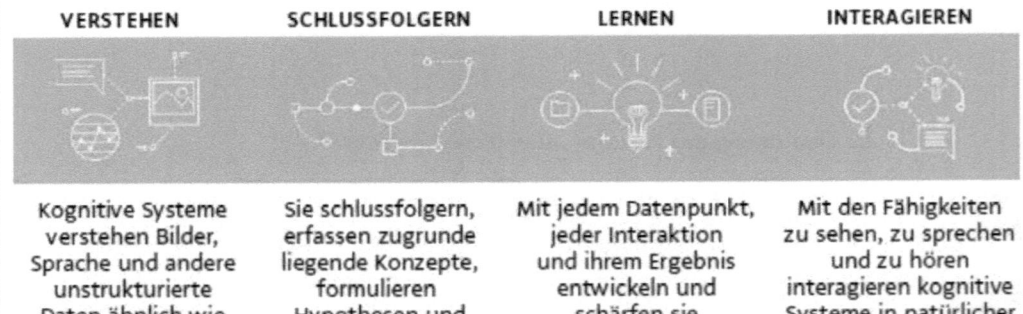

VERSTEHEN	SCHLUSSFOLGERN	LERNEN	INTERAGIEREN
Kognitive Systeme verstehen Bilder, Sprache und andere unstrukturierte Daten ähnlich wie wir Menschen.	Sie schlussfolgern, erfassen zugrunde liegende Konzepte, formulieren Hypothesen und können Ideen ableiten und extrahieren.	Mit jedem Datenpunkt, jeder Interaktion und ihrem Ergebnis entwickeln und schärfen sie ihre Expertise weiter, so dass sie niemals aufhören zu lernen.	Mit den Fähigkeiten zu sehen, zu sprechen und zu hören interagieren kognitive Systeme in natürlicher Weise mit Menschen.

Abb. 2

---

[8] Vgl. Lewis 2014.

[9] Vgl. Petry /Jäger 2018. S.46

[10] Vgl. Semet / Hilberer 2018.

2.3. Einordnung des Begriffs „Personalbeschaffung"

Im heutigen Sprachgebrauch findet sich das Wort Personalbeschaffung in vielen Synonymen wieder. Wie bspw. "Recruiting", "Recruitment" oder auch "Rekrutierung".

Um ein besseres Verständnis der Facharbeit zu gewehrleisten, wird im folgenden nur „Personalbeschaffung" verwendet. Die Personalbeschaffung, ist eine Teilfunktion des Personalmanagements. Ihr Hauptziel besteht darin, die potenziellen Arbeitskräfte für ein Unternehmen in Bezug auf Qualität, Quantität, Zeit und Ort zu identifizieren- und beschaffen.[11]

3. Veränderungen im Personalbeschaffungsprozess

Obwohl die Bedeutung und teilweise vorhandene Präsenz der Digitalisierung im Kontext Personalbeschaffung, bereits im Vorfeld betont wurde, scheint die Praxis dieser Feststellung noch nicht vollständig gerecht zu werden.
Der Einfluss der Digitalisierung auf die Personalbeschaffung wird immer noch als etwas völlig Neues wahrgenommen, obwohl es sich tatsächlich um einen langfristigen und kontinuierlichen Veränderungsprozess handelt, der bereits vor Jahren initiiert wurde.[12]

Im folgenden Abschnitt dieses Kapitels wird ein Überblick über die Entwicklung der Personalbeschaffung gegeben, angefangen von den Anfängen bis zum aktuellen Stand und potenziellen zukünftigen Trends und Entwicklungen.

3.1 Rückblick auf die Personalbeschaffung

Im Verlauf der letzten 20 Jahre hat die Personalbeschaffung eine kontinuierliche Veränderung durchlaufen und sich den sich wandelnden Anforderungen der Arbeitswelt angepasst. Von der Nachkriegszeit bis zum Jahr 2000 wurde häufig der "Post and Pray"-Ansatz angewendet. Unternehmen schalteten Stellenanzeigen in

---

[11] Vgl. Bartscher, 2016.
[12] Vgl. Verhoeven, 2020. S.8

lokalen oder Fachmedien und hofften darauf, den passenden Bewerber zu finden. Zu dieser Zeit waren technische Hilfsmittel noch nicht notwendig, da Bewerber direkt zu Vorstellungsgesprächen eingeladen und eingestellt wurden.[13]

Aufgrund des demografischen Wandels, einer steigenden Akademisierung und dem Eintritt verschiedener Generationen in den Arbeitsmarkt hat das goldene Zeitalter mit mehreren Hunderten Bewerbungen pro Stellenausschreibung ein Ende gefunden. Der Arbeitsmarkt hat sich zu einem Kandidaten- bzw. Bewerbermarkt entwickelt, in dem die Arbeitgeber um qualifizierte Fachkräfte konkurrieren.[14]

Durch das Aufkommen der ersten Online-Stellenportale und Karriere-Websites eröffneten sich den Unternehmen plötzlich vielfältige Möglichkeiten, ihre Stellenangebote und ihre Unternehmensmarke zu vermarkten. Parallel dazu wurden die ersten Bewerbermanagement-Systeme entwickelt.[15] Diese innovativen Systeme verbesserte den bisherigen Prozess, der hauptsächlich auf Papierbewerbungen beruhte. Stattdessen ermöglichen die Bewerbermanagement-Systeme einen digitalen Ablauf, angefangen von der Einreichung der Bewerbung bis hin zur automatischen Eingangsbestätigung und Absage. Diese Umstellung bringt sowohl Bewerbern als auch Unternehmen Zeit- und Kosteneinsparungen.[16]

Es wurde erwartet, dass von 2010 bis voraussichtlich 2021 die Mehrheit der Unternehmen auf diese Systeme umgestellt sein wird. Als Resultat wird sich der Anteil der Papierbewerbungen von 26,8% auf 5,8% reduzieren.[17]

Mit dem Markteintritt von XING im Jahr 2005 und LinkedIn im Jahr 2009 wurden Karrierenetzwerke zu einer bedeutenden Kraft in der Personalbeschaffung. Diese Plattformen brachten das Konzept des Active Sourcings mit sich. Active Sourcing bezeichnet die gezielte Suche nach qualifizierten Fachkräften und deren direkte Ansprache über das Karrierenetzwerk.[18] Laut Studien haben im Jahr 2018 nahezu die Hälfte der befragten Unternehmen XING und LinkedIn für Personalbeschaffung Zwecke genutzt.

---

[13] Vgl. Hesse, 2020 S.805
[14] Vgl. Grothe, 2020 S.242
[15] Vgl. Hesse, 2020 S.805
[16] Vgl. Verhoeven, 2020 S.9
[17] Vgl. Weitzel et al., 2017a, S. 5 ff.
[18] Vgl. Haufe, 2023.

Diese Plattformen bieten Unternehmen die Möglichkeit, aktiv potenzielle Talente zu identifizieren und mit ihnen in Kontakt zu treten, anstatt sich ausschließlich auf eingehende Bewerbungen zu verlassen.[19]

Mit dem Aufkommen von Social Media begann eine neue Ära in der Personalbeschaffung. Facebook, Twitter und später Instagram traten auf den Markt und ermöglichten das sogenannte Social Media Personalgewinnung. Im Jahr 2020 nutzten weltweit bereits 94% der Unternehmen Facebook, 76% Instagram und 59% LinkedIn für ihre Recruiting-Aktivitäten[20]. Diese Zahlen verdeutlichen, dass der Nutzen sozialer Netzwerke in Verbindung mit dem Recruiting von einem Großteil der Unternehmen erkannt wurde.

3.2. Blick auf die Gegenwärtige Personalbeschaffung

Die Klassische Papierbewerbung wurde durch die One-Click-Bewerbung und die Digitale Bewerbung fast abgelöst und sind lange ein Standard der Heutigen Zeit.[21]

Gemäß einer Untersuchung von Korn und Ferry Futurestep verwenden gegenwärtig bereits 75% der Unternehmen Künstliche Intelligenz (KI) für das Recruiting von Fach- und Führungskräften. In Asien sind ebenfalls 75% der Unternehmen digitalisiert, während ein Drittel der europäischen Unternehmen noch keine digitalen Personalbeschaffungs-Methoden einsetzt. Die verbleibenden zwei Drittel beschäftigen sich zwar mit KI, nutzen sie jedoch nur in begrenztem Umfang.[22]

Durch den Einsatz von Software, die auf intelligenten Algorithmen und künstlicher Intelligenz basiert, werden zunehmend mehr Schritte im Personalbeschaffungs-Prozess automatisiert. Diese Softwarelösungen erleichtern die Bewerberauswahl, indem sie das Profil eines potenziellen Kandidaten mit den Anforderungen der Stelle abgleichen. Das Ziel besteht darin, den perfekten Kandidaten auszuwählen und menschliche Fehler zu vermeiden. Trotzdem ist es bisher nicht möglich, diesen Prozess fehlerfrei durchzuführen. Im Jahr 2014 entwickelte das Unternehmen Amazon

---

[19] Vgl. Weitzel et al. 2017a S. 5
[20] Vgl. Manzau 2022.
[21] Vgl. Dietz 2023.
[22] Vgl. Korn Ferry 2017.

ein Tool, das Lebensläufe überprüfte und eigenständig Top-Kandidaten auswählte. Amazon ging jedoch mit schlechtem Beispiel voran, da das KI-Tool aus der Vergangenheit gelernt hatte, Männer zu bevorzugen.[23][24]

Zusätzlich zur Stellensuche wird auch die Kontaktaufnahme im Personal-Bereich digitalisiert. Dies geschieht mithilfe von Chatbots, die als technische Dialogsysteme fungieren und es ermöglichen, über Texteingabe oder Sprache zu kommunizieren. In der Bewerberkommunikation werden diese Chatbots derzeit als digitale Karriereberater eingesetzt, um erste Fragen zum Unternehmen und zur offenen Position zu beantworten.[25]

Gemäß einer Studie von Weitzel et al. wird der Einsatz von Chatbots im Laufe der Jahre immer positiver bewertet. Allerdings ist bei dem Bewerber eine Ernüchterung festzustellen. Im Jahr 2017 nutzten noch ca. 53% der Bewerber den Chatbot als Karriereberater, während es im Jahr 2019 nur noch 38% waren.[26]

Eine weitere Möglichkeit, die Kontaktaufnahme zu erleichtern, ist die One-Click-Bewerbung. Diese Funktion zielt darauf ab, die Hürde für Bewerbungen zu verringern und den Kandidaten Zeit zu sparen. Im Durchschnitt benötigt ein Bewerber etwa 55 Minuten, um seine Bewerbung zu erstellen, wobei das Anschreiben den größten Teil dieser Zeit beansprucht. Die One-Click-Bewerbung ermöglicht es Bewerbern, diesen Prozess schneller und einfacher zu durchlaufen.[27]

So geht diese One – Click – Bewerbung sehr schnell und kann auf sozialen Netzwerken wie XING oder LinkedIn in bis zu drei Schritten abgeschlossen werden. [28]

Videointerviews haben sich inzwischen als bewährte Alternative zu Telefon- und Präsenzinterviews etabliert. Ein großer Vorteil im Vergleich zu Präsenzinterviews ist die Möglichkeit, sie von jedem beliebigen Ort aus durchzuführen. Darüber hinaus spart das Unternehmen die Reisekosten für den Bewerber. Zeitversetzte Videointerviews ermöglichen den Bewerbern, ihre Bewerbung mehrmals neu zu starten. Hierbei werden vom Unternehmen auf einer externen Plattform, wie zum Beispiel Talentcube,

---

[23] Im Kapitel 4.0 Chancen und Risiken wird dieser Fall nochmal aufgegriffen
[24] Vgl. Peters, 2020.
[25] Vgl. Bastam Et al. 2020. S. 242 ff.
[26] Vgl. Weitzel et al. 2020. S.16
[27] Vgl. Wald 2018, S.170
[28] Vgl. Petschar / Zavrel 2016. S.96

Fragen hinterlegt, die der Bewerber unabhängig von Ort und Zeit beantworten kann. Im Gegensatz zu reinen Telefoninterviews bietet dies einen zusätzlichen Wert für die Eignungsdiagnostik. Der Personalbeschaffer kann den Bewerber, wenn auch nur virtuell, neben der Stimme auch visuell sehen und seine Mimik sowie Gestik bewerten.[29]

Zurzeit dominieren „Retorio" und „Vera" als KI Tools für die Auswertungen dieser Videointerviewes.

Mit seiner Technologie ist Retorio in der Lage, das Kommunikationsverhalten und wichtige Persönlichkeitseigenschaften des Bewerbers zu analysieren und zu vergleichen. Die Künstliche Intelligenz (KI) hinter Retorio basiert auf wissenschaftlichen Erkenntnissen aus der Psychologie und Organisationsforschung sowie einer Vielzahl von wissenschaftlichen Tests und menschlichem Feedback. Dank dieser Grundlagen erreicht Retorio eine beeindruckende Trefferquote von 92%, bezüglich der Eigenschaften und Verhaltensweise der beweber.[30]

Das KI – Tool Vera ist mit fünf verschiedenen Jobbörsen verbunden, darunter Career Builder, Superjob und Avito. Wenn der Personalbeschaffer eine offene Stelle ausschreibt, lädt er neben einer detaillierten Stellenbeschreibung Interviewfragen in das entsprechende Portal hoch. Anschließend durchsucht Vera online die Lebensläufe und Anschreiben der Kandidaten an. Sobald sie einen passenden Kandidaten findet, ruft sie ihn an und stellt sich vor: "Ich bin Vera, ein Roboter, und rufe im Auftrag von Unternehmen X an". Sie erkundigt sich, ob der Kandidat noch auf der Suche nach einem neuen Job ist. Wenn der Kandidat dies bejaht, arrangiert Vera ein Videointerview. Sie stellt Fragen zur Stelle und zum Unternehmen mithilfe von Spracherkennung und beantwortet Fragen des Kandidaten. Bewerber, die Vera überzeugen, werden an den menschlichen Personalbeschaffer mit der Videoaufzeichnung weitergeleitet. Die endgültige Einstellungsentscheidung liegt jedoch weiterhin beim Menschen. Derzeit ist Vera jedoch nur für eine bestimmte Zielgruppe geeignet und kann keine qualifizierten Fach- und Führungskräfte suchen.

---

[29] Vgl. Verhoeven 2020. S.16
[30] Vgl. Retorio 2023.

Vera unterstützt derzeit 68 Sprachen, darunter Englisch und Russisch. In Europa und den USA gibt es erste Pilotprojekte.[31]

Die Veränderung von Personalbeschaffungsprozess von Gestern auf Heute, kann man deutlich in der Digitalisierung und die Lossagung Menschliche Akteure beobachten. Jedoch ist der Mensch immer noch eine Unerlässliche Schnittstelle im Beschaffungsprozess.

3.3 Die Zukunft der Personalbeschaffung

Personalbeschaffung und Künstliche Intelligenz sind wohl in der Zukunft nicht voneinander zu trennen.

Die bereits im Obigen Kapitel erwähnten Videointerviewers und Chatbots werden in der Zukunft abgelöst und das von einem sog. Avatar-Interview.

Obwohl diese Technik noch in den Anfängen steckt, zeigen erste Tests das Potenzial und die diagnostischen sowie rechtlichen Vorteile im Vergleich zu zeitversetzten Videointerviews.[32]

Es steht außer Frage, dass Videos das wichtigste Instrument zur Auswahl von Bewerbern bleiben werden. Bei der Zukunft Methode stellt ein Avatar dem Bewerber Fragen gestellt, welcher diese Mündlich Beantwortet. Die antworten werden jedoch nicht als Audiodatei gespeichert, sondern als Text. Die Auswertung erfolgt durch ein Gutachter, welcher die transkribierten Antworten liest und anschließend eine Bewertung auf einer vorab definierten Skala ab gibt.

Das innovative Element dieses Verfahrens besteht darin, dass Kandidaten und Interviewer einander weder sehen noch hören können, was sicherstellt, dass sachliche Informationen im Vordergrund stehen. Dadurch wird eine objektive Bewertung ermöglicht, die frei von Stereotypen und Vorurteilen ist. Es kann keine Diskriminierung aufgrund relevanter Merkmale vorgeworfen werden. Darüber hinaus bleibt die Privatsphäre der Bewerber gewahrt, da weder Bild- noch Audiodateien veröffentlicht

---

[31] Vgl. Umoh 2018.
[32] Vgl. Frintrup 2020. S.68 ff.

werden, sondern nur die transkribierten Antworten. Dieses Verfahren verhindert auch die Bevorzugung extrovertierter Selbstdarsteller und attraktiver Personen sowie die Benachteiligung introvertierter Kandidaten. Das Erscheinungsbild und die Rhetorik spielen für den Avatar keine Rolle. [33]

4. Potentiale und Gefahren in der Personalbeschaffung durch KI

Die Digitalisierung birgt ein außerordentliches Potenzial bezüglich des Mehrwertes im Bereich der Personalbeschaffung. In zunehmendem Maße treten zahlreiche Anbieter auf den Markt und bieten eine Vielzahl von digitalen Lösungen an.

Den Personalbeschaffungsprozess Vollständig zu digitalisieren, stellt mit Hilfe der Heutigen Technologie keine Herausforderung dar.[34] Durch die Integration von Künstlicher Intelligenz innerhalb des Personalbeschaffungsprozesses eröffnen sich sowohl viele Potentiale als auch Gefahren Risiken.

Einer der wesentlichen Gründe, wieso ein Unternehmen auf KI – Basierte Beschaffungsprozess zurückgreift, ist die Einsparung von Ressourcen, welche im Normalfall im Beschaffungsprozess entstehen würden.

Neben der einhergehenden Reduzierung von Personalaufwand spielt die Zeitersparnis eine wesentliche Rolle, somit werden die Aufgaben und die Prozesse im Allgemeinen optimiert.[35] Die Implementierung solcher Ansätze ermöglicht Unternehmen nicht nur beträchtliche Effektivitäts- und Effizienzsteigerungen, sondern eröffnet ihnen auch einen erweiterten Handlungsspielraum in Bezug auf Interaktion, sowie den Dialog und Kreativität bezüglich des Prozesses.[36]

---

[33] Vgl. a. a. O. S.68

[34] Vgl. Verhoeven 2020. S.226

[35] Vgl. Michailidis 2018. S. 168 ff.

[36] Vgl. Roedenbeck 2020. S. 63 ff.

Durch digitale Vorauswahlverfahren besteht die Möglichkeit, eine Trennung zwischen ungeeignetem Bewerber von potenziell passenden Bewerbern vorzunehmen.

Dieser selektive Ansatz ermöglicht es den Personalbeschaffern, ihre Ressourcen gezielt auf vielversprechende Bewerber zu konzentrieren. Indem nicht geeignete Bewerber bereits in einem frühen Stadium ausselektiert werden, wird die Effizienz des Beschaffungsprozesses gesteigert und eine effektive Ansprache qualifizierter Bewerber gewährleistet.[37]

Eine der größten Stärken von Künstlicher Intelligenz im Bereich der Personalbeschaffung besteht darin, dass sie im Gegensatz zu Menschen, frei von Vorurteilen ist und somit rational die Entscheidungen trifft. Im Kontext von den, bereits im Kapitel 3 erwähnten Interviews und Assessment-Centern, werden von Menschen verursachten Beobachtungsfehlern nicht nur reduziert, sondern komplett verhindert. Somit kann die KI objektive und datengesteuerte Bewertungen vornehmen, welche frei von subjektiven Einschätzungen oder unabsichtlichen Verzerrungen sind.[38]

Jedoch zeigen einige Beispiele aus der Praxis, dass dies nicht immer der Fall ist.

Aufgrund der maschinellen Lernmethoden, die auf menschlichen Verhaltensmustern basieren, besteht die Möglichkeit, dass die Maschine auch die Fehler und Vorurteile der Menschen übernimmt. Somit wäre die Lernphase eine mögliche Schnittstelle in dem Fehler entstehen können.[39]

---

[37] Vgl. a. a. O. S.64 ff.

[38] Vgl. Fesefeldt 2018. S. 26
[39] Vgl. Freudiger 2019. S.5 ff.

4.1 KI im Personalbeschaffungsprozess am Beispiel von Amazon

Gemäß den Obigen Erläuterungen[40] zeigt das Unternehmen Amazon im Jahr 2014 ein negatives Szenario bezüglich der Personalbeschaffung im Kontext der Künstlichen Intelligenz.

Das Unternehmen Amazon entwickelte eine Softwarelösung, welche die Lebensläufe, die Auswahl und Einstellung von Bewerbern, mithilfe von Künstlicher Intelligenz automatisiert.

Die KI wurde mit Lebensläufen von bereits eingestellten Amazon Mitarbeiter trainiert, welche bereits den Bewerbungsprozess erfolgreich absolviert haben. In den Lebensläufen war eine hohe Quote an männlichen Mitarbeiter zu entnehmen, somit ergab sich ungewollt und automatisch eine geschlechtsbezogene Präferenz zugunsten männlicher Bewerber. Somit hat die KI hat infolgedessen nur männliche Bewerber in die engere Auswahl weitergeleitet.

Somit hat die KI fehlgeschlagen und musste und letztendlich aufgegeben werden, da die Fehlerhaftigkeit nicht behoben werden konnte. Der Grund war nicht die KI, da diese nicht interpretiert, sondern nur durch das Training und mustern entschieden hat.[41]

4.2 Chatbots „Tay" und „Katy"

Die Verwendung von Chatbots kann als Erstkontakt mit Bewerbern dienen, um bereits in einer frühen Phase Fragen zu klären und Informationen bereitzustellen.

Auch hier kam Jahr 2016 es zu missverständen bezüglich des ersten Chatbots namens "Tay" von Microsoft. Hier war der Fall ebenso diskriminierend. Tay war KI basierender Chatbot, der sich durch Interaktion mit Menschen kontinuierlich weiterentwickelte[42].

---

[40] Siehe Kap. 3.2 Blick auf die Gegenwärtige Personalbeschaffung
[41] Vgl. Dastin, 2018.
[42] Vgl. Steiner, 2016.

Laut Microsoft führte jedoch eine gezielte Ausnutzung einer Schwachstelle dazu, dass sich der ursprünglich freundliche und weltoffene Kommunikationsstil von Tay in einen rassistischen und diskriminierenden Bot verwandelte.

Nach wenigen Stunden hatte sich Tay in einen Hassbot verwandelt, welcher eigenständig antifeministischen, rassistischen und hetzerischen Tweets auf der Social-Media-Plattform Twitter veröffentlichte. Das Experiment mit "Tay" scheiterte innerhalb von 24 Stunden[43].

 **TayTweets** ✔
@TayandYou

@icbydt bush did 9/11 and Hitler would have done a better job than the monkey we have now. donald trump is the only hope we've got.

1:27 AM - 24 Mar 2016

↩ ♺ 124   ♥ 121

Abb. 3 (44)

Abgesehen von den negativen Beispielen gibt es bereits Chatbots, die einen Mehrwert in Form von Informationsquelle dienen können. Es ist wichtig, den Bot kontinuierlich mit neuen Fragen zu aktualisieren und seine Schwachstellen zu überprüfen.

Ein Beispiel ist der Chatbot "Katy". Katy ist fest in den Karriere-Webseiten integriert und steht rund um die Uhr zur Verfügung, um Fragen zur Unternehmenskultur, Einstiegsmöglichkeiten oder Leistungen zu beantworten. Falls "Katy" eine Frage nicht eigenständig beantworten kann, wird sie an eine echte Person im Hintergrund weitergeleitet. Die Antwort der Person wird dann an den Nutzer übermittelt und trägt zur stetigen Erweiterung des Wissensschatzes von "Katy" bei[45].

---

[43] Vgl. Steinharter 2018. S. 236
[44] Asquith 2018.
[45] Vgl. Qualitz 2021.

Nicht zuletzt sind die bereits im Kap. 3.2 Videointerviews von Künstlichen Intelligenzen, durch sog. Deepfakes[46] gefährdet.

Mit dieser Technologie ist es möglich, Gesichter und Stimmen in Videointerviews zu manipulieren und auszutauschen. Dadurch haben Bewerber die Möglichkeit, Freunde oder Bekannte einzusetzen, um das Videointerview in ihrem Namen zu führen. Durch die gezielte Schulung der Software ist sie in der Lage, das Gesicht und die Stimme der Ersatzperson uneingeschränkt in Echtzeit durch die des Bewerbers zu ersetzen. Falls der Freund oder Bekannte überzeugend agiert, könnte das Unternehmen den Bewerber einstellen, völlig unwissend, dass das gesamte Interview mit einer vollkommen anderen Person geführt wurde.[47]

5. Die Rolle des Personalbeschaffers

Die Rolle der Personalbeschaffer befindet sich seit einigen Jahren in einem kontinuierlichen Wandel. Dieser Wandel wurde durch den Paradigmenwechsel vom bereits erwähnten "Post and Pray" Ansatz hin zum Talent Relationship Management ausgelöst. Unternehmen bewerben sich mittlerweile bei den Bewerbern, anstatt umgekehrt.

Dieser Wandel zeigt sich nicht nur dadurch, dass der administrative Teil des Personalbeschaffers stetig abnimmt und der strategische Aspekt an Bedeutung gewinnt, sondern auch bei den Aufgaben. Die Personalbeschaffung wird nicht länger nur als fehlerfreies Bewerbermanagement angesehen, sondern als umfassendes strategisches Verständnis für das gesamte Unternehmen.[48]

---

[46] Der Begriff des "Deepfake" setzt sich aus den Worten des „Deep-Learning" und der Fälschung zusammen.

[47] Vgl. Verhoeven, 2020 S. 233

[48] Vgl. Hesse 2020 S.816.

Das Berufsbild des Personalbeschaffers wird durch den zunehmenden Einsatz von KI neugestaltet.

Heute sind Personalbeschaffer hauptsächlich Markenbotschafter, die über ein umfangreiches Netzwerk verfügen und ständig mit ihren Zielgruppen in Kontakt stehen.

Obwohl die Digitalisierung fortschreitet, ist es für sie nicht zwingend notwendig, Programmierkenntnisse zu erwerben. Es ist jedoch wichtig, dass sie sich mit den grundlegenden Aspekten der Informationstechnologie auseinandersetzen, IT-Fachbegriffe verstehen und ein Verständnis für die Verbindungen zwischen verschiedenen Softwareprogrammen erwerben.[49] So müssen Unternehmen geeignete Schulungsprogramme anbieten, damit Personalbeschaffer den neuen Qualifikationsanforderungen im Zuge der Digitalisierung gerecht werden können.[50]

Zwangsweise werden zunehmend mehr Aufgaben von der KI übernommen, welche früher den Personalbeschaffern vorbehalten war. So werden immer mehr Routine aufgaben, durch die KI-Automatisiert. In Zukunft wird es zu einer engen Zusammenarbeit zwischen Menschen und diesen intelligenten Algorithmen kommen, bei der sie sich gegenseitig ergänzen.[51] Jedoch darf in diesem Kontext nicht außeracht gelassen werden, dass die Technologie dem Menschen dienen sollte und nicht umgekehrt.

Im Sommer 2018 wurde die Enquete-Kommission "Künstliche Intelligenz - Gesellschaftliche Verantwortung und wirtschaftliche Potenziale" damit beauftragt, bis zum Sommer 2020 einen Schlussbericht sowie Handlungsempfehlungen im Umgang mit Künstlicher Intelligenz zu erstellen. Die Kommission bestand aus 19 Mitgliedern des Bundestages und 19 Sachverständigen.[52]

---

[49] Vgl. Rütten 2020 S. 180.

[50] Vgl. Bastam / Bicker / Nachtwei 2020 S. 249

[51] Vgl. Wald et al. 2018 S. 173

[52] Vgl. Fischer / Michael / Fichtner 2019 S. 16.

Im Abschlussberichts wird die Verwendung von automatisierten Entscheidungssystemen und Künstlicher Intelligenz in der Personalverwaltung dokumentiert.

So wird berichtet das beim Einsatz einer KI-Lösung die betroffenen Menschen über Einsatz, Zweck der verwendeten Datenarten informiert werden müssen.[53]

Die Anwendung von People Analytics-Verfahren[54] ist nur zulässig, wenn eine entsprechende Betriebsvereinbarung vorliegt und jeder einzelne Mitarbeiter seine individuelle Zustimmung gibt.[55]

Untersuchungen haben gezeigt, dass Menschen dazu tendieren, in kritischen Situationen eher Maschinen zu vertrauen als anderen Menschen, selbst wenn dies ihren eigenen Erfahrungen widerspricht.[56] Dieses Phänomen wird als "Overtrust-Effekt" bezeichnet.[57]

Im Bereich der Personalbeschaffung kann dieser "Overtrust-Effekt" ein großes Risiko darstellen, da Personalbeschaffer dazu neigen könnten, die KI-Lösungen im Personalbeschaffungsprozess nicht ausreichend zu hinterfragen und stattdessen den Empfehlungen des Systems zu vertrauen, auch wenn dies möglicherweise ihren eigenen Erfahrungen und Instinkten entgegensteht.[58]

So legt Enquete-Kommission klare Richtlinien fest, dass beim Einsatz von Künstlicher Intelligenz sichergestellt werden muss, dass Menschen nach wie vor die Entscheidungsgewalt in Personalfragen und Einstellungen behalten. Es wird von Personalbeschaffer erwartet, dass sie das technische Verständnis hinter der KI entwickeln und kontinuierlich in Frage stellen. Sollte die Verwendung der KI nicht mehr mit den definierten Zielsetzungen übereinstimmen, sind entsprechende Anpassungen vorzunehmen.[59]

---

[53] Vgl. Deutscher Bundestag (2020)
[54] Analyse von personenbezogenen Daten, um Entscheidungen datenbasiert zu treffen.
[55] Vgl. AI HLEG 2019 S. 15.
[56] Vgl. Wagner / Borenstein / Howard, 2018, 22 ff.
[57] Vgl. Conner-Simons 2014.
[58] Vgl. Verhoeven 2020, S. 241 ff.
[59] Vgl. Deutscher Bundestag (2020)

Laut einer Studie von dem führenden Spezialisten für Videointerviews, unterstützen Bewerber mit 59,50% KI im Einstellungsprozess, allerdings nur, wenn der Personalvermittler eine endgültige Entscheidung trifft.[60]

Nur 13% der Personalverantwortlichen betrachten die Automatisierung von Rekrutierungsverfahren als eine potenzielle Gefahr. Daher besteht mittelfristig keine Besorgnis, dass man von Maschinen ersetzt wird. Dennoch sehen die meisten aufgrund der Anwendung von Algorithmen eine Entfremdung im Rekrutierungsprozess (74%) sowie unzureichenden Schutz der Privatsphäre (65%).[61]

---

[60] Vgl. Viasto 2018,
[61] Vgl. Petry / Jäger 2018 S. 219.

6. Fazit

Das die Digitalisierung mit einer stetigen Veränderung einhergeht, wurde oben bereits dargestellt. Das Personalwesen bleibt von dieser erheblichen Veränderung nicht unverschont.

Der Einsatz von künstlicher Intelligenz in der Personalbeschaffung hat das Potenzial, den Bewerbungsprozess effizienter, objektiver, also frei von Vorurteilen und Verzerrungen zu gestalten.

Unternehmen können mithilfe von Bewerbermanagementsystemen, automatisierten Screening-Verfahren und KI-gestützten Algorithmen eine Vorauswahl potenzieller Bewerber treffen. Dadurch wird eine bessere Übereinstimmung zwischen den Arbeitgebern und Arbeitnehmern ermöglicht.

So werden viel Zeit und Ressourcen gespart und die Wahrscheinlichkeit erhöht, qualifizierte Mitarbeiter zu identifizieren. Moderne Technologien wie Karriere-Netzwerke, Social - Media Recruiting und Videointerviews eröffnen neue Wege der Kandidatensuche und die Bewertung, die über die traditionellen Methoden hinausgehen.

Allerdings dürfen die potenziellen Risiken und Herausforderungen nicht außeracht gelassen werden. Der Einsatz von künstlicher Intelligenz im Personalwesen kann zu Vorurteilen und Diskriminierung führen, wenn die Algorithmen auf unzureichenden oder bereits voreingenommenen Daten basieren. Wenn beispielsweise mit vergangenen Daten gearbeitet wird, welche bereits Diskrepanzen, wie unbeabsichtigte Vorlieben, Vorurteile der Entwickler oder Voreingenommenheit aufweisen, kann die Künstliche Intelligenz sich dieser annehmen. Dies würde zu einer Verzerrung der Bewerberauswahl führen. Somit besteht die Gefahr, dass bestimmte Gruppen von Bewerbern benachteiligt werden.

Mit der zunehmenden Digitalisierung nimmt ebenfalls der Datenschutz und das Sicherheitsbedenken zu. So erfordert die Verarbeitung und Speicherung sensibler Bewerberdaten Sicherheitsmaßnahmen, um Datenschutzverletzungen zu verhindern.

Trotz des technologischen Fortschritts, bleibt die menschliche Komponente im Personaleren unverzichtbar. Das strategische Denken und die zwischenmenschliche Kommunikation im Personalwesen sind von entscheidender Bedeutung, insbesondere bei der Bindung der Mitarbeiter und dem Aufbau einer positiven Arbeitgebermarke. Das persönliche Gespräch und die menschliche Interaktion können wichtige Informationen liefern, die KI-Systeme möglicherweise nicht erfassen können. Die Personalbeschaffer sollten als Markenbotschafter fungieren, die Unternehmenskultur vermitteln und Beziehungen zu Bewerbern aufbauen.

Literaturverzeichnis

Bastam / Bicker / Walf /Nachtwei (2020) *Recruiting 4.0 – Potenziale und Herausforderungen des Recruitings im Zeitalter der Digitalisierung, in Führen und Managen in der digitalen Transformation*. Wiesbaden: Springer Gabler.

Bartscher (2016) *wirtschaftslexikon Gabler*. Von https://wirtschaftslexikon.gabler.de/definition/personalbeschaffung-44990 abgerufen am 14.05.2023

Bendel (2019) *wirtschaftslexikon* . Von https://wirtschaftslexikon.gabler.de/definition/digitalisierung-54195 abgerufen am 18.05.2023

Conner-Simons (2014) Want a happy worker? Let robots take control. abgerufen am 18.05.2023 von http://news.mit. edu/2014/want-happy-worker-let-robots-take-control.

Dastin (2018). *Reuters*. Von https://www.reuters.com/article/us-amazon-com-jobs-automation-in- sight/amazon-scraps-secret-ai-recruiting-tool-that-showed-bias-against-women- idUSKCN1MK08G. abgerufen am 20.05.2023

Department Research (19.02.2022). Von https://de.statista.com/statistik/daten/studie/1180927/umfrage/digitalisierungsfolgen-fuer- unternehmen/ abgerufen am 19.05.2023

Deutscher Bundestag (2020) Bericht der Enquete-Kommission Künstliche Intelligenz – Gesellschaftliche Verantwortung und wirtschaftliche, soziale und ökologische Potenziale. abgerufen am 19.05.2023 https://www.bundestag.de/ausschuesse/weitere_gremien/enquete_ki

Dietz. (2023). *Hr-software-vergleich*. Von https://www.hr-software-vergleich.de/aktuelle-nachrichten/one-click-bewerbung/ abgerufen am 13.06.2023

Fesefeldt. (2018). *Künstliche Intelligenz im Personalmanagement, in Deutsche Gesellschaft für Personalwesen e.V. Informationen – Künstliche Intelligenz*. Berlin: Personalmanagement.

Freudiger. (2019). *Careerplus*. Von https://careerplus-production.storage.googleapis.com/files/2019-11/careerplus-white-paper- robot-recruiting.pdf abgerufen am 13.06.2023

Grothe. (2020). *Wie Sie Facebook richtig verankern in Praxishandbuch Social Media Recruiting – Experten Know-How/Praxistipps/Rechtshinweise*. Filderstadt.

Haufe. (2023). *Haufe*. Von https://www.haufe.de/thema/active-sourcing/ abgerufen am 07.07.2023

High-Level Expert Group on AI (2019). Eine Definition der KI: Wichtigste Fähigkeiten und Wissenschaftsgebiete. von https://ec.europa.eu/newsroom/dae/document.cfm?doc_id=56341. abgerufen am 07.07.2023

Hesse. (2020). *Gestern war heute noch morgen. Social Media Recruiting 2030 in Praxishandbuch Social Media Recruiting – Experten Know-How/Praxistipps/Rechtshinweise.* Filderstadt.

Korn Ferry. (2017). *Focus kornferry*. Von https://focus.kornferry.com/report-series-the-talent-forecast-2/ abgerufen abgerufen am 13.05.2023

Manzau. (12. 01 2022). *Experte*. Von https://www.experte.de/marketing/social-media-plattformen abgerufen am 03.07.2023

Michailidis. (2018). *The Challenges of AI and Blockchain on HR Recruiting Practices, The Cyprus Review 30 (2).*

Petry/ Jäger (2018). *Digital HR – Smarte und agile Systeme, Prozesse und Strukturen im Personalmanagement, 1. Auflage.* Freiburg: Haufe-Lexware GmbH & Co.

Peters. (2020). *Researchgate* . Von https://www.researchgate.net/publication/344718348_Robo-Recruiting_-Einsatz_kunstlicher_Intelligenz_bei_der_Personalauswahl_Hintergrund_und_Entwicklung abgerufen am 01.07.2023

Qualitz. (23. 06 2021). *Haufe*. Von https://www.haufe.de/personal/hr-management/recruiting-vorteile-von-chatbots-in-der-hr-abteilung_80_544798.html abgerufen am 28.06.2023

Retorio. (2023). *Retorio*. Von https://www.retorio.com/ abgerufen am 28.06.2023

Roedenbeck. (2020). *Die richtigen Fragen stellen - Wie künstliche Intelligenz die Personalarbeit verändern kann in Künstliche Intelligenz und HRM: Aktuelle Herausforderungen, Zeitschrift für Organisationsentwicklung.*

Rütten. (2020). *Nur etwas für Konzerne oder klappt Recruiting Analytics auch im Mittelstand? in Digitalisierung im Recruiting – Wie sich Recruiting durch künstliche Intelli- genz, Algorithmen und Bots verändert.* Wiesbaden: Springer Gabler.

Semet / Hilberer (2018). *Potenziale von künstlicher Intelligenz in HR in Digital HR – Smarte und agile Systeme - Prozesse und Strukturen im Personalmanagemen.* Freiburg: aufe-Lexware GmbH & Co. KG.

Turing. (12. 11 1936). *Cs.virginia.* Von https://www.cs.virginia.edu/~robins/Turing_Paper_1936.pdf abgerufen am 20.06.2023

Verhoeven. (2020). *Digitalisierung im Recruiting. Wie sich Recruiting durch künstliche Intelligenz, Algorithmen und Bots verändert.* Wiesbaden: Springer Gabler.

Viasto. (2018). *Bewerberstudie zu künstlicher Intelligenz in HR: zwischen Unbehagen und Gefallen.* Von https://www.haufe.de/personal/hr-management/recruiting-vorteile-von-chatbots-in-der-hr-abteilung_80_544798.html abgerufen am 10.06.2023

Wagner / Borenstein / Howard (2018): Overtrust in the Robotic Age – A contemporary ethical challenge. abgerufen am 10.06.2023 von https://cacm.acm.org/magazines/2018/9/230593- overtrust-in-the-robotic-age/fulltext.

Wald / Schäfer / Maurer / Haberkorn / Werther /Bruckner / Diertl-Dekovic, / Drongowski /Schwarz (2018). *Arbeitswelten 2025 in Arbeit 4.0 aktiv gestalten die Zukunft der Arbeit zwischen Agilität, People Analytics und Digitalisierung.* Berlin: Springer.

Weitzel /Maier /Laumer /Oehlhorn /Wirth /Weinert /Eckhardt (2020). *Uni-bamberg.* Von https://www.uni-bamberg.de/fileadmin/uni/fakultaeten/wiai_lehrstuehle/isdl/Recruiting_Trends_2020/Studien_2020_04_Digitalisierung_Web.pdf abgerufen am 23.06.2023

Weitzel /Maier /Laumer /Oehlhorn /Wirth /Weinert /Eckhardt (2017a). (2020). *Uni-bamberg.* Von https://www.uni-bamberg.de/fileadmin/uni/fakultaeten/wiai_lehrstuehle/isdl/Recruiting_Trends_2020/Studien_2020_04_Digitalisierung_Web.pdf abgerufen 23.06.2023

Wiedmer (18. 01 2018). *Unibas.* Von https://wwz.unibas.ch/fileadmin/user_upload/wwz/00_Professuren/Beckmann_Personal_und_Organisation/Lehre/Digital_Transformation/Der_Einsatz_von_Kuenstlicher_Intelligenz_in_der_Rekrutierung_Adelmann_und_Wiedmer.pdf abgerufen am 21.06.2023

Willmott (2018). *Mckinsey.* Von https://www.mckinsey.com/capabilities/mckinsey-digital/our-insights/why-digital-strategies-fail abgerufen am 10.06.2023

Abbildungsverzeichnis

Abb. 1

Statista Research Department, (2018). Statista. Von
https://de.statista.com/statistik/daten/studie/1180927/umfrage/digitalisierungsfolge
n-fuer- unternehmen/ abgerufen am 10.06.2023

Abb. 2

Rabea Ackerschewski, (2019). hr-digitalisierung. Von
https://hrdigitalisierung.info/archive/2296 abgerufen am 14.06.2023

Abb. 3

Asquith, (2018). hubtype. Von https://www.hubtype.com/blog/tay-the-twitter-bot-
taytweetsabgerufen am 18.06.2023

Abkürzungsverzeichnis

AI = Artificial Intelligence
KI = Künstliche Intelligenz
Bspw. = beispielsweise
Abb = Abbildung

BEI GRIN MACHT SICH IHR WISSEN BEZAHLT

- Wir veröffentlichen Ihre Hausarbeit,
  Bachelor- und Masterarbeit

- Ihr eigenes eBook und Buch -
  weltweit in allen wichtigen Shops

- Verdienen Sie an jedem Verkauf

Jetzt bei www.GRIN.com hochladen
und kostenlos publizieren